Michael Müller

Cloud Computing: Ausweg aus dem IT-Fachkräftemangel in Deutschland?

GRIN Verlag

Bibliografische Information der Deutschen Nationalbibliothek:

Die Deutsche Bibliothek verzeichnet diese Publikation in der Deutschen National-
bibliografie; detaillierte bibliografische Daten sind im Internet über http://dnb.d-
nb.de/ abrufbar.

Impressum:

Copyright © 2012 GRIN Verlag GmbH
Druck und Bindung: Books on Demand GmbH, Norderstedt Germany
ISBN: 978-3-656-41360-8

Dieses Buch bei GRIN:

http://www.grin.com/de/e-book/212803/cloud-computing-ausweg-aus-dem-it-
fachkraeftemangel-in-deutschland

GRIN - Your knowledge has value

Der GRIN Verlag publiziert seit 1998 wissenschaftliche Arbeiten von Studenten, Hochschullehrern und anderen Akademikern als eBook und gedrucktes Buch. Die Verlagswebsite www.grin.com ist die ideale Plattform zur Veröffentlichung von Hausarbeiten, Abschlussarbeiten, wissenschaftlichen Aufsätzen, Dissertationen und Fachbüchern.

Besuchen Sie uns im Internet:

http://www.grin.com/

http://www.facebook.com/grincom

http://www.twitter.com/grin_com

Hochschule für angewandte Wissenschaften
Fachhochschule Würzburg-Schweinfurt

Fakultät Betriebswirtschaft

Studiengang: Betriebswirtschaft

Seminar: Wirtschaftsinformatik

Wintersemester 2012/2013

Seminararbeit zum Thema:

Cloud Computing:

Ausweg aus dem IT-Fachkräftemangel in Deutschland?

Vorgelegt von:

Michael Müller

7. Fachsemester   Abgabetermin 07.01.2013

I   Inhaltsverzeichnis   Seite

II Abbildungsverzeichnis Seite

1 Einleitung

1.1 Fragestellung

Cloud Computing ist für viele IT-Experten die nächste Revolution der Computerbranche. Autor und Technologie-Kritiker Nicholas Carr beschreibt es in seinem viel beachteten Buch „The Big Switch" folgendermaßen: Wie die Elektrifizierung Ende des 19ten Jahrhunderts die Zentralisierung der Stromversorgung bedeutete, so stellt Cloud Computing die Zentralisierung von Informationstechnologie dar. Computersysteme, die früher in die unternehmenseigene IT-Infrastruktur eingebunden und von den unternehmenseigenen IT-Abteilungen betreut und gepflegt wurden, werden in Zukunft von riesigen „Informationskraftwerken" über das Internet billig zur Verfügung gestellt (vgl. Carr, 2009).

Durch den Ausbau der Cloud Services und die Vernetzung mit den Unternehmen werden nach Ansicht von Analysten eine Menge neuer Jobs entstehen. Da die Unternehmen in Zukunft allerdings erheblich weniger eigene IT-Ressourcen benötigen, befürchten viele einen gewaltigen Abbau von Arbeitsplätzen. Da es in Deutschland im Wachstumsmarkt IT einen Mangel an Fachkräften gibt, stellt sich die Frage, ob durch den Abbau von Arbeitsplätzen durch Cloud Computing genau dieses Problem des Fachkräftemangels gelöst werden kann. Oder ob das durch die Cloud-Systeme erst möglich gewordene Crowd Sourcing die große Nachfrage nach IT-Fachkräften befriedigen kann.

1.2 Aufbau der Arbeit

Um das Problem des Fachkräftemangels in Deutschland deutlich zu machen wird zunächst die aktuelle Situation des IT-Arbeitsmarktes in Deutschland analysiert. Im Hauptteil der Arbeit wird anschließend erörtert was die wesentlichen Auswirkungen des Cloud Computing auf die Unternehmen sind, und inwiefern sich das auf die Personalsituation der Unternehmen auswirkt. Einerseits die Auswirkungen, die für neue Jobs und damit gegen die Lösung des Fachkräftemangels sprechen und andererseits Gründe dafür, dass Jobs abgebaut bzw. extern eingekauft werden und somit zur Lösung des Problems beitragen könnten. Da es noch völlig unklar ist welche Auswirkungen die Zukunft bestimmen werden, folgt im Fazit eine Konsolidierung bzw. gedankliche

Zusammenführung der so grundsätzlich verschiedenen Auswirkungen des Cloud Computing auf den Arbeitsmarkt.

2 Gegenwärtige Lage des IT-Arbeitsmarktes in Deutschland

2.1 Wachstumsfaktor IT-Branche

Die IT-Branche gehört seit Jahren zu den Wachstumsmärkten in Deutschland, während in anderen Bereichen die Wachstumsraten stagnieren, sind in der IT-Branche stets überdurchschnittliche Wachstumsraten zu verzeichnen (vgl. Laudon et. al., 2009a, S.38). Die folgende Abbildung verdeutlicht das Wachstum anhand der Umsatzentwicklung.

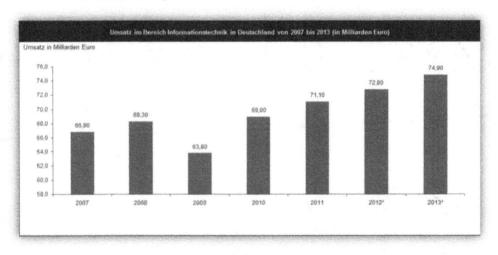

Abb.1 Quelle: Statista Dossier (2012): Umsatz der IT-Branche in Deutschland bis 2013

Die Informationstechnologie ist zudem ein bedeutender Faktor für Wirtschaftswachstum. „Alleine in Deutschland hängen über 50% der Industrieproduktion und über 80% der Exporte von moderner IT ab." (Laudon et. al., 2009b, S.38). Es profitiert also nicht nur die IT-Branche selbst, sondern auch Industrie und andere Teile der Gesamtwirtschaft in Deutschland von den Entwicklungen der Informationstechnologie.

Das stetige Wachstum kommt allerdings auch in der IT-Branche ins Stocken, Grund dafür ist der Mangel an qualifizierten Fachkräften. „Im ersten Quartal 2012 gaben 63% der ITK-Unternehmen an, dass der Fachkräftemangel ihre Geschäftstätigkeit bremst." (Fraunhofer IAO, 2012). Einer aktuellen Studie des Branchen-Verbandes Bitkom zufolge, sind derzeit 43.000 Stellen in der IT-Branche unbesetzt, Tendenz steigend, wie die folgende Abbildung verdeutlicht (vgl. Bitkom 2012a, S.2):

Abb. 2 Quelle: BITKOM (2012): Zahl freier IT-Jobs in der Gesamtwirtschaft

2.2 Gesuchte Job-Profile

Der Studie IBM Tech Trends 2012 zufolge, wollen zwei Drittel der befragten Unternehmen in den nächsten zwei Jahren in Cloud Computing investieren, allerdings verfügen erst 10 Prozent der befragten Organisationen über das Know How um den aktuellen IT Trends wie Mobile- und Cloud Computing gerecht zu werden. Grund dafür ist der Mangel an entsprechend ausgebildeten Fachkräften (vgl. IBM, 2012). Die im vorigen Kapitel bereits angesprochene Studie des Branchen-Verbandes Bitkom liefert hier exaktere Zahlen:

In ITK-Unternehmen (Informationstechnik und Kommunikation) sind derzeit rund 18.000 Stellen unbesetzt, gesucht werden vor allem:

- Software Entwickler (75%)
- IT-Berater (24%)
- IT-Spezialisten für Marketing und Vertrieb (23%)
- Anwendungsbetreuer / Administratoren (20%)

In ITK-Unternehmen werden neben betriebswirtschaftlichen Anwendungen besonders Spezialisten für IT-Sicherheit (28%) und Cloud Computing (27%) gesucht.

In den restlichen Branchen, also in den IT-Anwenderunternehmen werden aktuell ca. 25.000 IT-Fachkräfte gesucht, vor allem:

- Administratoren und Anwendungsbetreuer (79%)
- IT-Berater (24%)
- Entwickler (7%) (vgl. Bitkom, 2012b, S.4ff).

Auffällig ist hier, dass in IT-Anwenderunternehmen Job Profile gesucht werden, die von den Auswirkungen durch Cloud Computing betroffen sein könnten (s.a. 3.3.3 Auswirkungen auf den Arbeitsmarkt, S. 14).

2.3   Lage in kleinen und mittleren Unternehmen

Kleine und mittlere Unternehmen (KMU) sind besonders betroffen von dem Fachkräftemangel. Derzeit berichten bereits 30 bis 40 Prozent der KMU von mittleren bis großen Problemen bei der Besetzung offener Stellen für Fachkräfte (vgl. BMWI, 2010, S.48).

80% der 18.000 offenen Stellen in der ITK-Branche entfallen auf KMUs, deren Bekanntheitsgrad deutlich geringer ist als der von Großunternehmen (vgl. Bitkom, 2012c, S.1). Eines der Hauptprobleme von KMUs ist, dass sie meist keine Top-Gehälter stemmen können. Die folgende Abbildung verdeutlicht diese Einschätzung:

6

Einstiegsgehälter nach Unternehmensgröße	
Anzahl Mitarbeiter	durchschnittliches Jahresgehalt in €
<10	35.853 €
10-99	37.132 €
100-999	40.580 €
1000-5000	41.637 €
>5000	44.025 €

Tabelle4- Einstiegsgehälter nach Unternehmensgröße

Abb.3 Quelle: Alma Mater (2012): Einstiegsgehälter nach Unternehmensgröße

Großunternehmen und Konzerne bezahlen deutlich mehr: Konzerne mit mehr als 5000 Mitarbeitern zahlen ca. 7,8% mehr als der Durchschnitt, wohingegen die Einstiegsgehälter bei KMUs 9-12% unter dem Mittelwert liegen (vgl. Alma Mater, 2012, S.12). Der fehlende Bekanntheitsgrad der KMUs bzw. die größere Attraktivität namhafter Unternehmen ist ein weiterer Grund warum es KMUs schwerer haben Fachkräfte für sich zu gewinnen. Aufgrund vielseitiger Faktoren profitieren KMUs jedoch in besonderem Maße durch Cloud Computing. Dies belegt eine Studie von Microsoft, bei der mehr als 3000 KMUs befragt wurden. Demnach sind Unternehmen, die auf Cloud- oder Hostingdienste setzen besonders erfolgreich. Mehr als 40% dieser Unternehmen erzielten in einem Zeitraum von 12 Monaten (2010) Umsatzsteigerungen von 30% oder mehr, während 90% der Unternehmen, die keine Cloud-Dienste im Einsatz hatten, Umsatzeinbußen hinnehmen mussten (vgl. Microsoft, 2010, S.14).

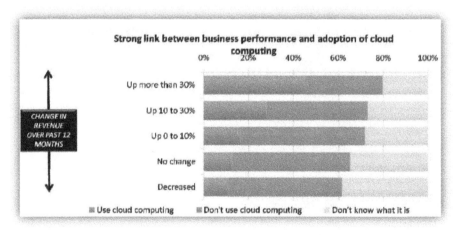

Abb.4 Quelle: Microsoft (2010): Zusammenhang von Geschäftsverlauf und Cloud-Nutzung

3 Auswirkungen von Cloud Computing auf Unternehmen

3.1 Ausgangspunkt

Zunächst ist es wichtig zu wissen was der Begriff Cloud Computing bedeutet. Da der Begriff relativ neu ist, existieren diverse unterschiedliche Interpretationen. Die Unternehmensberatung Accenture definiert Cloud Computing wie folgt: „Die dynamische Bereitstellung von IT-Kapazitäten (Hardware, Software und Services) durch Drittanbieter über ein Netzwerk" (Accenture, 2010). Die Auswirkungen von Cloud Computing auf Unternehmen sind gerade im Hinblick auf die IT-Abteilungen und die damit verbundenen Arbeitsplätze, sehr umstritten. Während einige Experten davon ausgehen, dass unter anderem durch Cloud Services verursachte Wachstums- und Produktivitätssteigerungen sehr viele neue Jobs geschaffen werden, gibt es auf der anderen Seite Analysten, die in Cloud Computing einen „Jobkiller" durch Rationalisierung - und damit den Abbau von IT-Personal sehen. Im folgenden Teil der Arbeit werden die unterschiedlichen Auswirkungen analysiert.

3.2 Produktivitätssteigerungen

3.2.1 Kostensenkungen

Einer der wesentlichen Gründe warum sich immer mehr Unternehmen für Cloud Computing interessieren ist der Kostenfaktor. „Die Startinvestitionen für den Kauf von Hardware (Server, Speicher etc.) und Software-Lizenzen entfallen (nahezu) komplett, ebenso wie die Kosten für den Aufbau und die Durchführung des eigenen Betriebs der IT-Services. Stattdessen ist in der Regel nur ein „verbrauchsabhängiges" Nutzungsentgelt zu zahlen (z. B. nach Anzahl der User, die einen IT-Service aus der Cloud nutzen)" (BMWI, 2012, S.2). Ein weiteres wichtiges Kostenmerkmal von Cloud Services ist die Aufteilung der Ressourcen auf viele Parteien. Cloud-Dienstleister profitieren daher von Skaleneffekten, je mehr Nutzer, desto effizienter können diese arbeiten. Für Anwendungen sind nur ein Bruchteil der Lizenzkosten notwendig, die Wartung erfolgt zentral und somit wiederum effizienter (Metzger et. al., 2011, S.62). Es profitieren dabei in besonderem Maße kleine und mittlere Unternehmen, da kein Kapital mehr für den Aufbau einer eigenen IT-Infrastruktur gebunden werden muss.

Durch die flexible Abrechnung der Services, je nach Bedarf, entsteht zudem eine erhöhte Transparenz über die Gesamtbetriebskosten (vgl. IfCC, 2012, S.12). Die wirtschaftliche Bewertung klassischer IT-Systeme, im Vergleich zu denen des Cloud Computing, ist in vielerlei Hinsicht nicht so einfach. Um die verschiedenen Ansätze dennoch vergleichbar zu machen, wird oft die Total-Cost-of-Ownership (TCO) Methode verwendet. Dabei werden alle anfallenden Kosten eines Projektes über einen bestimmten Zeitraum dargestellt. So werden nicht nur die reinen Anschaffungskosten bewertet, sondern auch alle im weiteren Verlauf anfallenden Kosten. Das folgende TCO-Modell zeigt, dass durch die dynamische Kapazitätsauslastung die Ressourcen viel effizienter genutzt werden können und Startinvestitionen nicht so stark ins Gewicht fallen im Vergleich zu klassischer IT-Infrastruktur.

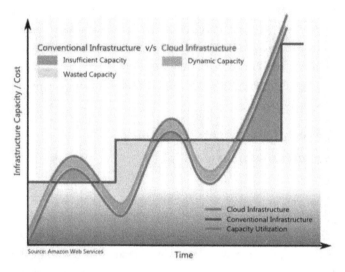

Abb. 5 Quelle: Amazon Web Services: TCO-Modell

3.2.2 Flexibilitätssteigerung

Die Nutzung von Cloud Services bedeutet eine deutliche Flexibilitätssteigerung für die Unternehmen. Die nutzungsabhängige Abrechnung, vor allem bei SaaS, ermöglicht es den Unternehmen zusätzliche Ressourcen zu mieten oder nicht genutzte Ressourcen zu kündigen. Diese Skalierbarkeit, also die flexible Anpassungsmöglichkeit, bietet den Vorteil, sich an ein laufend veränderndes

Geschäftsumfeld oder beispielsweise einen saisonalen Mehrbedarf an IT-Ressourcen anzupassen. Die Kosten für traditionelle Server in eigenem Rechenzentrum sind in der Regel mit fixen Kosten verbunden, unabhängig von der tatsächlichen Nutzung oder Auslastung. Kosten für Personal, Miete oder Strom lassen sich nicht beliebig ändern und sind für eine bestimmte Zeit festgelegt. Im IT-Bereich erfolgt also eine Verschiebung von fixen zu variablen Kosten, die finanziellen Mittel können viel effizienter eingesetzt werden und somit können Einsparungen erzielt werden (vgl. Metzger et. al., 2011, S.65).

3.2.3 Auswirkungen auf den IT-Arbeitsmarkt

Die in den vorigen Kapiteln beschriebenen Kosten- und Flexibilisierungseffekte durch Cloud Computing sprechen dafür, dass Unternehmen effizienter wirtschaften und somit die frei werdenden Budgets in andere Bereiche investieren können. Einer von Microsoft in Auftrag gegebene Studie des Marktforschungsunternehmens IDC nach, werden durch Cloud Computing bis 2015 weltweit bis zu 14 Millionen neue Jobs entstehen, davon alleine in Deutschland 250.000. Den Grund dafür sieht IDC in Umsatz- und Produktivitätssteigerungen der Unternehmen (vgl. IDC, 2012a, S.1). Der Vorsitzende der Geschäftsführung Microsoft Deutschland, Ralph Haupter, beschreibt es wie folgt: „Die Studie von IDC belegt die Beschäftigungswirkung von Cloud Computing. Anwender und Unternehmen profitieren von Cloud Computing durch höhere Flexibilität, Kostensenkungen und Wachstum." (Microsoft, 2012). Der IDC schätzt, dass aktuell rund 75% der IT Ausgaben für Wartung und Routineaufgaben verwendet werden. Durch die frei werdenden Budgets kann stattdessen in IT-Innovation investiert werden, was wiederum zu neuen Geschäftsideen führen wird (vgl. IDC, 2012b, S.2). Der Studie nach ist der Einfluss von Cloud Computing auf das Beschäftigungswachstum nicht über alle Branchen gleich verteilt. Besonders profitieren werden der Kommunikations- und Bankensektor, sowie die fertigende Industrie. Eine Studie der Sand Hill Group im Auftrag von SAP sieht in Cloud Computing ebenfalls einen Jobmotor, alleine im Jahr 2010 haben elf Cloud-Unternehmen 80.000 neue Jobs geschaffen (Sand Hill Group, 2011, S.1).

3.3   Rationalisierungseffekte

3.3.1 Verlagerung der IT-Infrastruktur in die Cloud

Das National Institute of Standards and Technology (NIST) teilt das Cloud Computing in drei verschiedene Nutzungsmodelle ein. Die unterste Schicht ist die Infrastructure-as-a-Service-Schicht (IaaS), darauf setzt die Platform-as-a-Service-Schicht (PaaS) auf und die darüber angesiedelte Software-as-a-Service-Schicht (SaaS) bildet den Abschluss (NIST, 2011, S.2f). Die folgende Grafik veranschaulicht dieses Modell und ordnet den verschiedenen Services Zielgruppen zu.

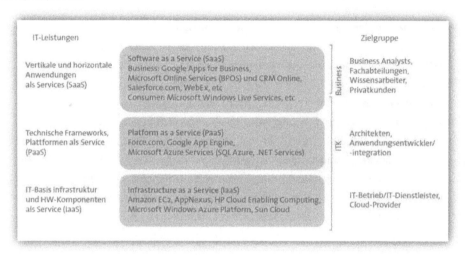

Abb. 6 Quelle: cloud-practice.de: Ebenen von Cloud Services nach IT-Leistungen und Zielgruppen

Aus der Grafik wird deutlich, dass IaaS als Hardware und Basis Infrastruktur Service und PaaS als Software Entwicklungsumgebung eher für ITK-Unternehmen in Frage kommt, während SaaS vermehrt für IT-Anwender in Frage kommen dürfte.

Durch die in den vorherigen Kapiteln angesprochenen enormen Einsparpotentiale werden viele Unternehmen ihre IT-Infrastruktur in die Cloud verlagern. Die folgende Grafik verdeutlicht den zunehmenden Einsatz von Cloud Computing in Deutschland:

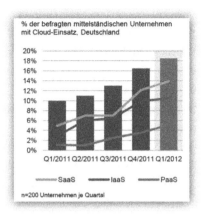

Abb. 7 Quelle: techconsult (2012): Cloud-Einsatz in Unternehmen, Deutschland

Vor allem Software-as-a-Service (SaaS) ist einer der treibenden Faktoren des Cloud-Einsatzes. Um zu verstehen warum gerade SaaS so erfolgreich ist, sind im Folgenden die einzelnen Vorteile von SaaS kurz aufgelistet:

- Keine eigene IT für den Betrieb notwendig
- Keine Hard- und Software für den Serverbetrieb außer Frontends
- Keine Wartung im eigenen Haus
- Kein eigener User Support für Standardanwendungen
    (vgl. Metzger et.al. 2012, S.36)

Die Aufgaben der IT-Abteilungen werden sich zukünftig also drastisch ändern. Nicholas Carr prognostizierte bereits 2009 in seinem Buch „The Big Switch", dass Computer-Versorgungsunternehmen die firmeneigenen IT-Abteilungen ersetzen werden. Heute sind alle Voraussetzungen dafür geschaffen, dass aus dieser Zukunftsvision Realität wird. Die IT-Fachkräfte, die sich in ihren Unternehmen mit dem Betrieb und der Wartung von hauseigenen Servern und Software beschäftigt haben, werden zukünftig durch einzelne Prozess-Manager ersetzt und ganze IT-Abteilungen konsolidiert (vgl. Wieser/Mini, 2011, S.1).

3.3.2 Crowdsourcing

Der Neologismus Crowdsourcing setzt sich zusammen aus den Begriffen Outsourcing und Crowd. Erfunden wurde dieses Wortkonstrukt von Jeff Howe in einem Internet Artikel des Wired Magazine im Juni 2006 („The Rise of Crowdsourcing"). Hinter dem Begriff steht das Konzept der Interaktiven Wertschöpfung: „Interaktive Wertschöpfung findet statt, wenn ein Unternehmen (oder eine andere Institution) eine Aufgabe, die bislang intern durch die Mitarbeiter erstellt wurde, an ein undefiniertes, großes Netzwerk von Kunden und Nutzern in Form eines offenen Aufrufs zur Mitwirkung vergibt." (Reichwald/Piller, 2009, S.51). Im Prinzip geht es also darum, über eine Internetplattform Freiberufler zu engagieren, die beliebige Arbeiten übernehmen. Crowdsourcing ist tatsächlich für viele Unternehmen ein zunehmender Produktivitätsfaktor. Das enorme Potential zeigt das chinesische Unternehmen Zhubajie. Es behauptet 7,6 Millionen Mitarbeiter zu beschäftigen. Darüber hinaus gibt es in China noch weitere Plattformen auf denen chinesische Freelancer mit inländischen Unternehmen in Kontakt gebracht werden.

In Indien versucht man über Crowdsourcing Portale mit internationalen Unternehmen in Kontakt zu treten (vgl. ITZ, 2012). Die nach eigenen Angaben weltweit führende Plattform für Online-Beschäftigung Elance „hilft Unternehmen, Personal in der Cloud zu engagieren und zu verwalten". Elance stellt eine „schnellere und kosteneffizientere Option im Vergleich zu Jobbörsen, Personal-Firmen und traditionellem Outsourcing dar." (Elance, 2013). Unter den 10 Top-Ländern die über Elance Fachkräfte rekrutieren befindet sich Deutschland auf Rang 5.

Weitere Beispiele für Freelance-Portale sind:

- Freelancer.com 4.300.000 registrierte Freelancer
- TopCoder 425.000 registrierte Freelancer
- Amazon mechanical turk 100.000 registrierte Freelancer
- guru 1.000.000 registrierte Freelancer

In der Software-Entwicklung ist Crowdsourcing längst nicht mehr weg zu denken. Besonders im Bereich der Open-Source-Szene, die für die Entwicklung kostenloser Software und allgemein verfügbarer Dienstleistungen im Internet steht. Das PC Betriebssystem Linux ist hierfür wohl das bekannteste Beispiel.

Tausende Programmierer weltweit tragen zur ständigen Weiterentwicklung und Verbesserung des Produkts bei (Weber, 2013).

Bei der Gewerkschaft Verdi stoßen diese neuartigen Formen der Beschäftigung aber auf Unverständnis. In einem aktuellen Positionspapier zu Crowdsourcing und Clowdworking ist von „Gefahren für Gesellschaft und Arbeitnehmerinnen und Arbeitnehmer" die Rede. Verdi sieht die Gefahr einer „massenhaften Vernichtung guter, sicherer und hochqualifizierter Arbeitsplätze". Weiter heißt es in dem Papier: „Das Prinzip der Verlagerung von Arbeit kann einen Großteil der Stellen der knapp 900.000 Beschäftigten der IKT-Branche in Deutschland betreffen." (Verdi, 2012).

3.3.3 Auswirkungen auf den Arbeitsmarkt

Offensichtlich gibt es einige Hinweise darauf, dass durch Cloud Computing Jobs in Gefahr sind. Forrester-Analyst Ted Schadler wurde in einem Infoworld-Artikel folgendermaßen zitiert: "Cloud Computing ist eine Gefahr für Blue Collar-ITler, zum Beispiel Admins und Mitarbeiter im Bereich IT-Infrastruktur." (Krill, 2011). Bernard Golden, CEO des Cloud-Beratungsunternehmens HyperStratus meint: „Wer sich vor allem mit der Installation, Administration und Konfiguration von Software-Komponenten in diesem Bereich beschäftigt, könnte durch Cloud Computing schon bald überflüssig sein" (Golden, 2011). Cloud-Services machen auf jeden Fall einen Teil der bestehenden IT-Landschaft in den Unternehmen überflüssig, vor allem dann, wenn man bestimmte Leistungen billiger von externen Dienstleistern beziehen kann. Die Konsequenz: Weniger interne IT-Infrastruktur bedeutet in der Regel auch weniger interne IT-Mitarbeiter. Angefangen vom Boxenschieber über den Monitoring-Spezialisten bis hinauf zum Abteilungsleiter und zum CIO (vgl. Wiehr, 2011).

Durch Cloud Computing steigt zwar die Produktivität der Unternehmen, allerdings sieht man am Beispiel der Fließbandarbeit und der Massenproduktion, dass die Anzahl der Beschäftigten aufgrund der Automatisierung abgenommen hat.

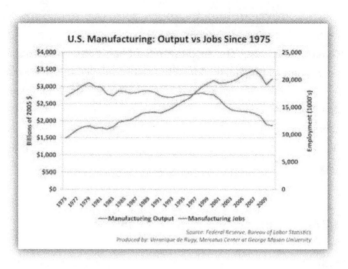

Abb. 8 Quelle: Federal Reserve (2009): Produktionsertrag vs. Arbeitsplätze

Die Grafik macht am Beispiel USA deutlich, wie eine steigende Produktivität mit immer weniger Arbeitsplätzen verbunden ist.

4 Fazit

Das stetige Wachstum der IT-Branche führt zu einer Verstärkung des Fachkräftemangels, gleichzeitig führt der Fachkräftemangel dazu, dass das Wachstum ins Stocken gerät. Der Megatrend Cloud Computing bietet zumindest theoretisch die Möglichkeit, den Fachkräftemangel zu beenden oder zumindest zu mindern.

Besonders kleine und mittlere Unternehmen dürften ihren Fachkräftemangel durch Cloud Computing kompensieren. Gesucht werden vor allem Administratoren und Anwendungsbetreuer. Insbesondere bei der Anwendung von Software-as-a-Service ist keine eigene IT-Infrastruktur mehr nötig. Folglich werden in Zukunft weniger, langfristig möglicherweise keine (System-) Administratoren mehr benötigt, die sich um die Wartung der eigenen Server oder Installation und Updates eigener Software kümmern müssen. Dass SaaS als Treiber von Cloud Computing gilt, also bisher die größten Zuwachsraten im Cloud Geschäft hat, spricht dafür, dass hier ein starker Effekt gegen den Fachkräftemangel zu erwarten ist.

Das Thema Crowdsourcing dürfte dem Fachkräftemangel ebenfalls entgegenwirken, sofern es in Zukunft noch mehr Akzeptanz erfährt. Die Skepsis der Gewerkschaft Verdi in ihrem Positionspapier zum Thema Crowdsourcing macht allerdings auch deutlich, dass das Thema sehr ernst genommen wird, und hier eine enorme Auswirkung auf den Arbeitsmarkt vorhergesagt wird. Aus der Sicht einer Gewerkschaft ist es verständlich gegen den Abbau von Arbeitsplätzen zu sein, allerdings wurde dabei der Fachkräftemangel nur unzureichend miteingerechnet. In ITK-Unternehmen beispielsweise werden überwiegend Software-Entwickler gesucht und im Open-Source Bereich hat sich längst bestätigt, dass Crowdsourcing zur Software-Entwicklung bestens geeignet ist. Die großen Freelance-Plattformen mit bereits heute Millionen von Anwendern bestätigen den Trend zu dieser unabhängigen und flexiblen Form der Beschäftigung. „Cloud Lösungen werden Unternehmen dabei helfen, weltweit die besten Mitarbeiter (noch leichter) zu rekrutieren, was darin resultieren kann, dass sich die Arbeitswelt ebenfalls hin zu einem deutlich größeren Anteil von Freiberuflern entwickeln wird." schreibt Cloud Computing Analyst René Büst in seinem Blog clouduser.de (Büst, 2012).

Unter dem Strich könnte Crowdsourcing dazu beitragen, den Fachkräftemangel durch die Internet-Akquise von Fachkräften, wie etwa Software-Entwicklern, zu mindern.

Auf der anderen Seite werden viele neue Jobs entstehen, gerade in Unternehmen die selbst Cloud-Dienste anbieten. Das erklärt, warum aktuell in ITK-Unternehmen besonders Cloud Spezialisten gefragt sind. Der Fachkräftemangel wird sich aufgrund der hohen Nachfrage in diesem Bereich vermutlich kurz- bis mittelfristig noch verstärken.

Doch nicht nur in Cloud Unternehmen werden neue Jobs entstehen. Cloud Computing wird dazu beitragen die Produktivität von Unternehmen zu erhöhen, im Zuge dessen werden neue Jobs in den Unternehmen entstehen. Nachdem sich die IT-Abteilungen zukünftig weniger mit Routineaufgaben beschäftigen müssen, können Sie sich vermehrt auf die Innovation von Geschäftsprozessen konzentrieren. Anlass zu Bedenken allerdings, inwiefern eine höhere Produktivität zu neuen Jobs führt, gibt die Analogie der Industrialisierung, die zeigt, dass eine steigende Produktivität keine Garantie für neue Jobs ist.

Ob es nun mehr oder weniger Arbeitsplätze in der IT-Abteilung der Zukunft geben wird, die IT-Abteilung wird es mit Sicherheit noch geben, wenn auch mit veränderten Aufgaben, „...weg von einem System-Management hin zu einem Service-Management." (Rindle, 2012).

Es wird auf die Flexibilität der Unternehmen und der IT-Fachkräfte selbst ankommen, sich den neuen Trends anzupassen. Es werden neue Jobs entstehen, teilweise ganz neue Berufsbilder, wie den „Cloud-Architekten" und alte, wie etwa Systemadministratoren, werden weniger. Es wird in Zukunft Unternehmen mit und ohne eigene IT-Abteilung geben. Cloud Computing hat in jedem Falle das Potential ein maßgeblicher Faktor zu sein um das Problem des Fachkräftemangels zu lösen. Von Charles Darwin, dem Begründer der Evolutionstheorie, stammt der Satz: „Nicht die Stärksten oder die Intelligentesten werden überleben, sondern diejenigen, die sich am schnellsten anpassen."

III. Quellenverzeichnis

Accenture 2010	Accenture (2010): Cloud Services. http://www.accenture.com/de-de/Pages/service-technology-cloud-computing-overview.aspx. Abruf am 04.01.2013
Alma Mater 2012	Alma Mater (2012): Gehaltsstudie 2012. http://www.alma-mater.de/img/pdf/GehaltsstudieErgeBericht2012.pdf. Abruf am 07.01.2013
BITKOM 2012ab	BITKOM, Kempf, D. (2012): Der Arbeitsmarkt für IT-Fachkräfte. http://www.bitkom.org/files/documents/BTIKOM_PK_Arbeits markt_30_10_2012.pdf. Abruf am 30.12.2012
BITKOM 2012c	BITKOM (2012): Presseinformation: IT-Mittelstand sucht Software-Entwickler. http://www.bitkom.org/files/documents/BITKOM_Presseinfo_ Mittelstand_Fachkraeftebedarf_28_11_2012.pdf. Abruf am 04.01.2013
BMWI 2010	Institut der deutschen Wirtschaft Köln i.A. des Bundesministeriums für Wirtschaft und Technologie (2010): Qualifizierungsmonitor – Empiriegestütztes Monitoring zur Qualifizierungssituation der deutschen Wirtschaft. http://www.bmwi.de/BMWi/Redaktion/PDF/Publikationen/qua lifizierungsmonitor Abruf am 06.01.2013
BMWI 2012	Bundesministerium für Wirtschaft und Technologie (BMWI) (2012): Chancen für den Mittelstand durch Cloud Computing –ein Wegweiser. http://www.it-gipfel.de/IT-Gipfel/Redaktion/PDF/it-gipfel-2012-chancen-fuer-den-mittelstand-durch-cloud-computing-ein-wegweiser-ag-2,property=pdf,bereich=itgipfel,sprache=de,rwb=true.pdf . Abruf am 04.01.2013
Büst 2012	Büst R. (2012): Cloud Computing verlangt Weiterbildung und fördert die Flexibilität. http://clouduser.de/management/cloud-computing-verlangt-weiterbildung-und-fordert-die-flexibilitat-15312. Abruf am 06.01.2013
Carr 2009	Carr, N. (2009): The Big Switch: Der große Wandel. Cloud Computing und die Vernetzung der Welt von Edison bis Google

Elance 2013	Elance (2013): About: http://de.elance.com/q/about-elance. Abruf am 05.01.2013
Golden 2011	Golden B.; König,A. (2011): Cloud, SaaS und die Folgen Admin-Jobs in Gefahr. http://www.cio.de/was_ist_cloud_computing/2278463/. Abruf am 05.01.2013
IBM 2012	IBM (2012): IBM Tech Trends: IT-Fachkräfte sind Mangelware. http://www-03.ibm.com/press/de/de/pressrelease/39605.wss. Abruf am 02.01.2013
IDC 2012ab	IDC i.A. von Microsoft (2012): Cloud Computing's Role in Job Creation. http://www.microsoft.com/en-us/news/download/features/2012/IDC_Cloud_jobs_White_Paper.pdf. Abruf am 05.01.2013
Fraunhofer IAO 2012	Fraunhofer IAO, Schletz, A. (2012): Bares Wissen!. http://www.iao.fraunhofer.de/lang-de/geschaeftsfelder/dienstleistungs-und-personalmanagement/955.html. Abruf am 30.12.2012
IfCC 2012	Institut für Cloud Computing i.A. von AXIT AG (2012): Studie zum „Nutzen von Cloud Computing für die Logistik". http://imis.de/portal/streamer?fid=814844. Abruf am 04.01.2013
Krill 2011	Krill P. (2011): Cloud computing: A threat or opportunity?. http://www.infoworld.com/t/cloud-computing/cloud-computing-threat-or-opportunity-624?source=rss_cloud_computing. Abruf am 05.01.2013
Laudon et. al. 2009ab	Laudon, K.; Laudon, J.; Schoder, D. (2009): Wirtschaftsinformatik: Eine Einführung. Pearson, S.38
Metzger et.al. 2011	Metzger,C.; Reitz, T.; Villar,J. (2011): Cloud Computing Chancen und Risiken aus technischer und unternehmerischer Sicht. Hanser
Microsoft 2010	Microsoft (2010): Microsoft SMB IT & Hosted IT Index. http://www.eurolanresearch.com/otherUploadeddocs/Microsoft%20SMB%20IT%20%20Hosted%20IT%20Index%202010.pdf. Abruf am 04.01.2012
Microsoft 2012	Microsoft (2012): Microsoft: IDC sieht Cloud Computing als globalen Jobmotor. http://www.microsoft.com/germany/newsroom/pressemitteilung.mspx?id=533500. Abruf am 05.01.2013

NIST 2011   NIST, Mell P. et. al. (2011): The NIST Definition of Cloud
                           Computing. http://csrc.nist.gov/publications/nistpubs/800-
                           145/SP800-145.pdf. Abruf am 04.01.2013

Reichwald/Piller 2009   Reichwald,R.; Piller, F. (2009):Interaktive Wertschöpfung, 2.
                           Auflage, Gabler, S. 51

Rindle 2012   Rindle, K. (2012): IBM Experten: Cloud.
                           http://ibmexperts.computerwoche.de/cloud/fragen/ueberflue
                           ssige-it-abteilung. Abruf am 06.01.2013

Sand Hill Group 2012   Sand Hill Group (2012): Job Growth in the Forecast.
                           http://www.news-sap.com/files/Job-Growth-in-the-Forecast-
                           012712.pdf. Abruf am 05.01.2013

Verdi 2012   Verdi (2012): Crowdsourcing und Cloudworking: Gefahren für
                           Gesellschaft und Arbeitnehmerinnen und Arbeitnehmer.
                           http://tk-it.verdi.de/archiv/2012_1/12-10-31-
                           cloudworking/data/verdi-Positionspapier_Cloudworking-
                           Crowdsourcing.pdf. Abruf am 05.01.2013

Weber 2010   Weber, J. (2010): Definition Crowssourcing.
                           http://www.linkbait.de/definition-crowdsourcing. Abruf am
                           06.01.2013

Wiehr 2011   Wiehr H. (2011): Warum Virtualisierung und Cloud Job-Killer
                           sind.
                           http://www.cio.de/knowledgecenter/server/alles_zu_virtualisi
                           erung/hintergrund/2278889/. Abruf am 05.01.2013

Wieser/Mini 2011   Wieser, R.; Mini, G. (2011): Ende und Zukunft der IT-
                           Abteilungen.
                           http://documents.swisscom.com/product/1000173-
                           Dialogue_Online/Documents/News/2011-03-
                           SwissITMagazine-IT-Abteilungen-de.pdf. Abruf am
                           05.01.2013

ITZ 2012   Institut für Trend- und Zukunftsforschung (2012):
                           http://www.zukunftpassiert.de/crowdsourcing-boomt-warum-
                           ausgerechnet-in-asien/. Abruf am 05.01.2013